DwA
Heft

Von Stefan Karch in der Reihe „Draußen wartet das Abenteuer" im G&G Verlag erschienen:
Im Tal der Dachse, ISBN 978-3-7074-1285-7

Weitere Bücher von Stefan Karch im G&G Verlag:
Knochenhart-Butterzart, ISBN 978-3-7074-1187-4
Robin und Scarlet – Die Bücher der Magier, ISBN 978-3-7074-1142-3
Robin und Scarlet – Die Stimmen der Geister, ISBN 978-3-7074-1239-0
Nil Nautilus startet durch, ISBN 978-3-7074-0235-3
Nil Nautilus – Der rote Baron, ISBN 978-3-7074-0316-9

www.ggverlag.at

ISBN 978-3-7074-1286-4

In der aktuell gültigen Rechtschreibung

1. Auflage 2011

Illustration und Covergestaltung: Ursula Harper
Gesamtherstellung: G. G. Buchbinderei, Hollabrunn

Stefan Karch

IM LAND DER FRÖSCHE

Illustrationen
Ursula Harper

DIE VERWANDLUNG

Kaulquappen leben im Wasser und haben Kiemen. Sie entwickeln sich zu Fröschen; die leben an Land und atmen durch die Lunge.

Auszug aus meinem „Draußen wartet das Abenteuer"-Heft , kurz DwAheft genannt.

Mein Instinkt sagte mir, dass etwas faul war. Ich konnte vier Jungen aus meiner Klasse sehen. Wie ich waren sie auf dem Heimweg. Doch sie hatten den Gehsteig verlassen und waren die Böschung zum Bach hinuntergeklettert. Einer der Jungen war sicher nicht freiwillig dort unten. Er hieß Paul, wurde aber von allen Frettchen genannt, weil seine Schneidezähne besonders zum Vorschein kamen, wenn er rede-

te. Paul wurde von zwei der Jungen festgehalten. Der dritte kletterte am Bachufer entlang – Alfred Herzog. Er war aus gutem Hause, stets perfekt gekleidet, geschniegelt und gestriegelt. Doch im Augenblick schien ihn das nicht zu kümmern. Er machte sich nicht einmal die Mühe, die Schuhe auszuziehen und die Hose hochzuschieben, als er den Bach überquerte. Immer wieder bückte er sich und versuchte etwas zu fangen.

Ich hatte einmal zu Alfreds bevorzugten Opfern gehört, ehe er das Interesse an mir verlor. Das verdankte ich einer Art Verwandlung. Früher nannten mich alle Winni, den gelben Honigbären. Ich fühlte mich auch so, etwas pummelig. Ich war ein Höhlenmensch gewesen, der sein halbes Leben in der Schule und die andere Hälfte zu Hause im Dunkeln vor dem Computer verbracht hatte. Doch dann war Woodoo, die Verrückte, wie ein Hurrikan in mein Leben gewirbelt. Das Mädchen, das alle Woodoo nannten, hieß eigentlich Valerie. Ihre Eltern waren Forscher und die Natur war ihr zweites Zuhause. Sie holte mich nicht nur aus meinem Zimmer, sie verschleppte mich auch in die Wildnis. Was mir zuerst wie ein Albtraum vorgekommen war, wurde zu einem unvergesslichen Abenteuer. Es war, als hätte ich die Schwerkraft besiegt. Es machte mir auf einmal Spaß, mich zu bewegen, und die Natur zu entdecken. Mein Körper, der einer überreifen Banane glich, verlor an Gewicht, ich wurde zäh und ausdauernd. Als

Valerie unsere Schule verließ, weil ihr Vater einen neuen Forschungsauftrag bekommen hatte, trat ich in ihre Fußstapfen. Ich wurde zu Woodoo. Ich ließ mir die Haare ein bisschen länger wachsen, trug eine Kette an der Holzperlen, Schneckenhäuser und Vogelfedern hingen, und begann mich für Pflanzen und Tiere zu begeistern. In Alfreds Augen war ich zu einem verrückten Spinner mutiert, dem man besser aus dem Weg ging.

Vom Bach kam Gelächter herauf. Offensichtlich hatte Alfred Erfolg gehabt. Er hielt ein Tier in seiner Hand, das zappelte. Paul, das Frettchen, versuchte sich loszureißen.

„Geh weiter und misch dich nicht ein“, hörte ich eine innere Stimme sagen. Winni der Honigbär wäre erst gar nicht stehen geblieben. Der wäre heilfroh gewesen, selbst davongekommen zu sein.

Alfred wollte dem Jungen etwas Glitschiges, Zappelndes unter sein Leibchen stecken, das war klar.

Ich war jetzt aber Woodoo und es war an der Zeit einzuschreiten. „Hört sofort auf damit“, rief ich den Buben zu. „Das ist dein Todesurteil“, sagte mir meine innere Stimme. Ich stieg einige Schritte die Böschung hinunter.

Alfred sah zu mir herauf. Sein Grinsen erlosch. Kalte Wut flackerte in seinen Augen. In der Hand hielt er einen Frosch. „Verzieh dich, Woodoospinner“, zischte er.

Ich spürte mein Herz pochen. Es pochte und pochte immer schneller. „Bleib ruhig“, sagte ich zu mir. „Das ist Tierquälerei“, rief ich und spürte ein leichtes Zittern in meiner Stimme.

„Meinst du das Frettchen oder den Frosch?“ Alfred grinste den beiden anderen zu.

„Lass den Frosch los!“, forderte ich.

„Er ist unter die Tierfreunde gegangen“, rief Alfred mit gespielter

Überraschung. „Ein Frosch bedeutet ihm mehr als das Frettchen." Im nächsten Augenblick hob er die Hand und warf mir den Frosch zu.

Ich fing ihn auf und war selbst überrascht, dass ich so schnell reagiert hatte. Der Frosch fühlte sich kühl und gar nicht so glitschig an, wie ich erwartet hatte. Ich setzte den Frosch behutsam ins Gras.

„Du kannst ihn küssen, vielleicht verwandelt er sich ja in eine Prinzessin", höhnte Alfred. Die beiden anderen Buben hatten in der Zwischenzeit Pauls Schultasche geöffnet. Alfred machte sich daran zu schaffen. Er nahm ein Heft heraus, betrachtete es mit gespielter

Überraschung und warf es dann in den Bach. Paul stand da und ließ alles geschehen. Das zweite Heft versank im Wasser und wurde von der Strömung mitgerissen. Paul kullerten die Tränen über die Wangen. Ich stand wie gelähmt da. Wie konnte dieser Alfred nur so gemein sein. Mit jedem Atemzug vergrößerte sich meine Wut. Ich war nahe daran, mich auf Alfred zu stürzen. Doch ich tat es nicht. „Du hättest dich nicht einmischen sollen", dachte ich stattdessen.

Alfred sah zu mir herauf und unsere Blicke trafen sich. Er schien die Wut zu genießen, die mir ins Gesicht geschrieben stand.

Ein Zeichen genügte und seine Freunde ließen von Paul ab. Anscheinend war Alfred zufrieden. Vergnügt zogen die drei davon.

Ich stieg zu Paul hinunter, der einem seiner Hefte nachlief, das vom Bach mitgerissen worden war. Meine Knie zitterten leicht vor Schreck. „Ich hätte sie verprügeln sollen", sagte ich zu Paul, der alle seine Hefte wieder eingesammelt hatte. „Aber ich war zu feig", fügte ich hinzu, so leise, dass Paul es nicht hören konnte.

Paul wehrte ab. „Es macht mir nichts aus", sagte er.

Das war eine Lüge, das wusste ich. Ich redete mir so etwas selbst auch immer ein. „Vielleicht kannst du die Hefte retten, wenn du sie mit dem Föhn trocknest", schlug ich vor.

Paul nickte, er hielt mir seine Hand hin. „Danke", sagte er.

„Wofür?", dachte ich.

DER BRIEF

Frösche müssen sich in Acht nehmen, weder im Wasser noch an Land sind sie vor ihren Feinden sicher.

Ich bekam nie Post, nicht einmal eine Handyrechnung. Ich wäre auch nie auf die Idee gekommen, einen Brief zu schreiben. Eine Woche nachdem Valerie weggezogen war, war ihr erster Brief gekommen. Er war schön! Das lag nicht nur an Valeries Handschrift. Der Brief war verziert und voll mit Zeichnungen. Sie war eine gute Zeichnerin. „Du zeichnest besser als ich", hatte sie einmal zu mir gesagt. Es stimmte, dass ich gerne zeichnete. Vor allem Helden aus meinen

Computerspielen und Drachen. Nie wäre ich auf die Idee gekommen, Schmetterlinge oder Kräuter zu zeichnen. Doch ich sagte ja schon, die Verrückte hatte mich angesteckt. Ich bastelte aus einer Schachtel eine bunte Box, um darin Valeries Briefe zu sammeln. Und ich trug immer ein Heft mit mir herum, um neue Entdeckungen festzuhalten, so wie Valerie es immer machte.

Ich vermisste Valerie sehr, nachdem sie weggezogen war. Sie hatte mich verzaubert und mir die Augen geöffnet. Es war wie bei einem Computerspiel gewesen. Als hätte ich eine Zusatzfunktion erhalten, entdeckte ich plötzlich Dinge, die ich nie zuvor gesehen hatte: einen Zitronenfalter, der mich auf meinem Schulweg begleitete, Rotschwanzfinken auf dem Dach eines Gartenhauses, herrlich blaue Kornblumen am Straßenrand. Je mehr ich über Pflanzen und Tiere wusste, desto mehr spürte ich davon auf. Valerie besaß ein Mikroskop und zeigte mir nicht nur Blütenwunderwerke, sondern auch richtige, lebendige Monster. Kleine Tiere wie Blattläuse sahen nämlich stark vergrößert wirklich unheimlich aus. Jedes Fernsehmonster wirkte dagegen blass. Sie hielt sich außergewöhnliche „Haustiere", unter anderem eine riesige Spinne mit behaarten Beinen, die sie liebend gerne die Hand hochkrabbeln ließ. Klar war die Spinne giftig. „Sie beißt nur zu, wenn sie sich bedroht fühlt. In allem steckt Gift und allein die Dosis macht's aus", war einer von Valeries Lieblingssprüchen.

Sie hatte mich nicht nur verzaubert, sondern mit ihren Ideen auch angesteckt. Ich begann Steine hochzuheben, um darunter verborgene Tiere zu entdecken. Dabei besaß ich damals nur eine lächerliche Becherlupe. Aber selbst darin sah eine Assel ziemlich cool aus. Der Chitinpanzer einer Assel gleicht einer perfekt beweglichen Ritterrüstung. Ich machte mich im Internet schlau und erfuhr, dass zum Beispiel Asseln mit Meeresbewohnern wie Garnelen und Krabben verwandt sind – wer hätte das gedacht. Natürlich hielt ich diese Erkenntnisse alle in meinem DwAheft fest. Meine neueste Errungenschaft war ein Aquarium, in dem ich Zwerggarnelen hielt. Aus fünf Garnelen war ein ganzes Garnelenvolk geworden. Meine Mutter musste zugeben, dass all ihre Prophezeiungen, ich würde die armen Tiere nur quälen und verhungern lassen, nicht eingetroffen waren. Es war verrückt! Ich war zum Tierbobachter geworden, saß stundenlang vor meinem Aquarium, und das alles nur wegen dieses Mädchens.

Als sich Valerie von mir verabschiedet hat, hat sie mir ein kleines Stabheuschreckenbaby geschenkt. Das Baby hat sich mittlerweile schon dreimal gehäutet und ist zu einem imposanten Tier herangewachsen. Ich halte es in einem großen Glas, in das ich einen kleinen Rosenstrauch gepflanzt habe. Es ernährt sich von den Rosenblättern. Anfangs gruselte ich mich vor diesem Tier.

In ihrem letzten Brief hat mich Valerie eingeladen, sie in den Ferien zu besuchen, gleich in der ersten Woche. Ich kann mir gut vorstellen, was das bedeutete – im Freien übernachten, einen Rucksack herumschleppen, über einem offenen Feuer kochen und hinter irgendwelchen Büschen aufs Klo gehen.

Aber genau das war es, was ich wollte. Zudem würde ich sie wieder sehen. Am liebsten wäre ich auf der Stelle losgerannt. Allein der Gedanke daran verdoppelte meinen Herzschlag.

DIE VORBEREITUNGEN

Frösche gehören zu den Amphibien, so werden Tiere genannt, die sowohl im Wasser als auch an Land leben.

Valerie wohnt zurzeit mit ihrem Vater in einem Nationalpark, der sich an einem riesigen Fluss befindet. Viele Nebenarme des Flusses erstrecken sich in eine Aulandschaft, das weiß ich aus ihren Briefen. Dort leben und brüten nicht nur viele Vögel. Es gibt auch Frösche, Biber und wildlebende Schildkröten, von denen ich zuvor noch nie gehört habe.

Mein Stiefvater, der einen Job beim Bundesheer hat, war von mir alles andere als begeistert. Für ihn war Sport alles. Ich hasste Sport. Diesmal wäre er am liebsten mit mir mitgefahren. Er bestand darauf, dass ich ihn wenigstens zum Angeln begleitete. Er wollte mir noch schnell ein paar Grundbegriffe beibringen. Mein Stiefvater hat die Anglerprüfung abgelegt und nimmt alles sehr genau. Ich wollte Tiere beobachten, aber nicht töten.

„Was glaubst du, was ihr da draußen essen werdet?“, fragte mich mein Stiefvater. „Ihr werdet Wildenten schießen und Fische fangen.“

„Sicher nicht“, dachte ich.

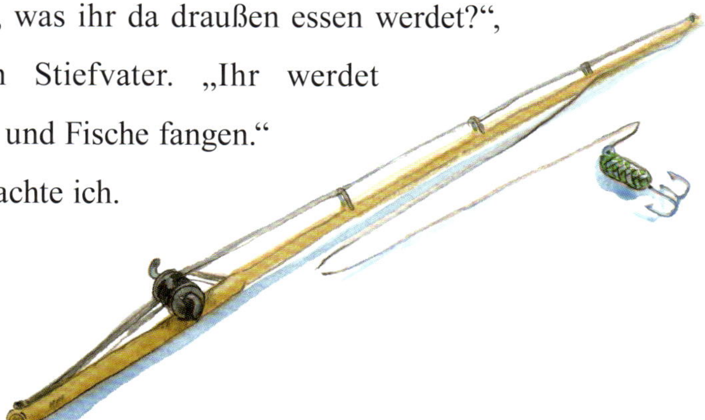

Ich bekam eine „Universalrute“ mit Korkgriff und fixer Rolle als vorzeitiges Geburtstagsgeschenk. Am Haken hing bereits ein Blinker. Mein Stiefvater wusste, dass ich nie einen Wurm auf einen Haken spießen würde. Einen Vormittag lang brachte er mir bei, wie ich die Angel auswerfen und wieder einholen musste. Ich war erleichtert, dass kein Fisch an meinem Haken anbiss. So ganz nebenbei fing mein Stiefvater zwei Schleien, die wir uns am Abend schmecken ließen.

Eine Woche vor den Ferien kam Paul, das Frettchen, in einer Pause auf mich zu und lud mich zum Fußballspielen ein. Für jemanden mit Fettbäuchlein und Plattfüßen wäre Fußball das Allerletzte gewesen. Doch von meinem Fettbäuchlein war nicht mehr viel übrig geblieben. Und das mit meinen Plattfüßen hatte eher mit mangelnder Bewegung zu tun. Ich versprach zu kommen. Die Mannschaften waren bunt zusammengewürfelt, auch Mädchen waren darunter. Anfangs hielt ich mich in Tornähe auf, doch später wagte ich mich immer weiter in die gegnerische Spielhälfte vor und feuerte einmal sogar einen Schuss aufs Tor ab. Als die anderen herbeigerannt kamen und mir auf die Schulter klopften, war ich richtig stolz.

„Bis zum nächsten Mal“, rief Paul, als es bereits dämmerte und ich mich auf den Heimweg machte.

Ich nickte.

Alfred bemerkte, dass ich mich in der Schule mit Paul unterhielt. Wer sich mit einem von Alfreds Opfern unterhielt, war verrückt und spielte mit seinem Leben. „He, Woodoo“, sprach er mich auch schon bald an, „spielst du Kindermädchen?“

Ich gab ihm ziemlich eindeutig zu verstehen, dass er sich dorthin bewegen sollte, wo der Pfeffer wächst.

Alfreds Grinsen gefror. Seine Augen wurden zu schmalen Schlitzen, hinter denen Funken zu sprühen schienen.

Das verhieß nichts Gutes, aber ich war gefasst. Mir war, als hätte mich Valerie unbesiegbar gemacht. Alfred würde alles dransetzen, mir das Gegenteil zu beweisen, davon war ich überzeugt. Die alte Feindschaft war wieder geweckt. Vorerst ließ er mich noch in Ruhe. Doch wenn ich in die Klasse kam, sah ich, wie er und seine Freunde die Köpfe zusammensteckten und zu mir hersahen. Die letzte Schulwoche war angebrochen und ich dachte schon, ich wäre davongekommen. Doch dann erhielt ich einen Tipp. Einer von Alfreds Busenfreunden riet mir, das weltweite Netz zu besuchen und unter Winni Pu nachzusehen. Ich fand eine Facebookseite mit meinem Foto und jede Menge erdichteter Gemeinheiten. Alfred hatte sich leider in eine Welt begeben, in der ich auch zu Hause war. Seine Mailadresse herauszubekommen, war ein Kinderspiel. Dass Alfred so fantasielos war, Winni Pu als Kennwort zu benutzen, erleichterte die Angelegenheit. Im Nu war die Seite umgestaltet und wurde zur Woodoo-Plattform, die vielleicht einmal alle Naturfreaks vereinen könnte. In einer Mail sprach ich Alfred meinen Dank aus. Gerne hätte ich sein Gesicht beim Lesen meiner Mail gesehen. Wenn das alles an Alfreds Gemeinheit gewesen war, dann hatte er stark nachgelassen. Das war gut so!

Der Tag der Abreise rückte immer näher. Zum zweiten Mal in meinem Leben durfte ich ohne Begleitung eines Erwachsenen mit dem Zug fahren. Ich bestand darauf, den Rucksack selbst zu tragen. Mein Stiefvater nahm die Angel, meine Mutter drückte mich schon zu Hause an sich und knutschte mich ab. Dann brachten sie mich zum Bahnhof und winkten mir nach.

Mein Herz pochte beinahe im selben Takt mit den Rädern des Zuges – tatadam, tatadam. Meinen Rucksack hatte ich selbst gepackt. Es war nur das Allernötigste darin: Unterhosen, Socken, Leibchen, Hosen, Sweater, Regenzeug, Taschenlampe, Taschenmesser, selbst gemachte Powermüsliriegel, Verbandszeug und mein DwAheft samt Buntstiften. Die Zugfahrt dauerte einige Stunden, die ich nützte, um etwas über Frösche zu lesen. „Du wirst das Land der Frösche sehen“, hatte Valerie verheißungsvoll geschrieben. Ich war schon gespannt, wie es sein würde, Valerie, die Verrückte, wieder zu sehen.

KARL, DER FROSCHFREAK

Ein Laubfrosch ist dünnhäutig und atmet auch durch die Haut. Die Haut lässt auch Wasser durch. Ein Laubfrosch braucht nur eine Regendusche, wenn er Durst hat.

Valerie hatte mir in ihrem letzten Brief geschrieben, dass mich jemand vom Nationalpark vom Bahnhof abholen würde. Mit mir war nur ein alter Mann aus dem Zug gestiegen. Trotz großer Hitze trug er einen Anzug. Er wischte sich mit einem Stofftaschentuch Schweiß von der Stirn, nahm seinen kleinen Koffer auf und marschierte los. Als ich zehn Minuten später immer noch alleine dastand, kam etwas Verzweiflung in mir auf. Da brauste plötzlich ein olivgrüner Jeep heran. Das Auto wurde scharf abgebremst, die Reifen radierten im Kies und Staub wirbelte auf.

Ein Riese von einem Mann stieg aus und kam auf mich zu. „Karl“, sagte er und streckte mir lächelnd seine Pranke hin. „Du bist sicher Klaus.“

Ich nickte.

Karl nahm mir den Rucksack ab. So musste ich nur noch meine Angel tragen. „Halte dich fest“, riet mir Karl später, als ich neben ihm im Auto saß. Das musste er mir nicht sagen. Die Reifen quietsch-

ten in jeder Kurve und ich wurde hin und her gebeutelt. Karl war so massig, dass er beinahe eineinhalb Sitze in Anspruch nahm. Was ihn so dick erscheinen ließ, war kein Speck, das war Muskelmasse. Er sprach während der Fahrt kein Wort, also blieb auch ich stumm.

Als die Häuser immer weniger und die Straßen schlechter wurden, wusste ich, dass wir dem Ziel näher kamen. Am Eingang des Nationalparks war ein riesiges Tor, das weit offen stand. Wir brausten hindurch und auf ein zweistöckiges Gebäude zu. Schon beim Näherkommen sah ich Valerie. Sie erwartete mich und winkte mit beiden Armen. Valerie trug ein weites, ballonartiges Kleid, aus dem ihre dünnen Beine ragten. Ihre Haare wurden von einem bunten Tuch zusammengehalten und um den Hals trug sie mindestens drei Ketten, das konnte ich sogar vom Auto aus sehen. Sobald der Jeep in einer Staubwolke zum Stehen kam, rannte Valerie auf das Auto zu. Ich kam nicht einmal dazu, die Autotür ganz zu öffnen. Sie zog mich heraus und drückte mich an sich, als wäre ich seit Jahren vermisst. Dann küsste sie mich auch noch auf die Wangen. Es passierte so plötzlich, dass ich gar nicht wusste, wie mir geschah. „Es ist so schön, dass du da bist“, sagte sie, „ich habe mich schon so auf dich gefreut.“ Sie grinste dabei so breit, dass ihr Mund von einem Ohr zum anderen reichte. Ihre Augen funkelten. Ich war sprachlos. Als ich etwas sagen wollte, nahm mich Valerie bei der Hand. „Karl bringt dir den Rucksack sicher nach“, versicherte sie zu Karl gewandt. Dieser nickte und lächelte. Dann rannten wir los. „Ich muss dir alles zeigen“, rief sie im Laufen.

ANNA UND DIE SCHILDKRÖTEN

Die Haut des Laubfrosches enthält Schleimdrüsen. Das austretende Sekret verhindert das Austrocknen der Haut.

Zum Nationalpark gibt es zwei Eingänge. Der eine Eingang ist für die Besucher. Dort liegen ein Museum und ein Informationszentrum, in dem Besucher alles über die Aktivitäten in den Park-Auen erfahren können.

Der andere Eingang ist etwas abseits gelegen. Dort befindet sich das Forschungszentrum.

Valeries Vater arbeitet in einem Labor.

Als ich ihn das erste Mal gesehen habe, erforschte er gerade das Leben von Dachsen. Er lebte in einem Wald und sein Gesicht war erdig gewesen. Er hatte einen Dreitagebart getragen und jede Menge

Laub im verfilzten Haar gehabt. Jetzt stand er hinter einer Glastür in einem weißen Mantel. Er schob seinen Mundschutz herunter und begrüßte mich winkend und mit einem Lächeln. „Leider dürfen wir nicht zu ihm“, bemerkte Valerie geheimnisvoll, „er wird dir später alles selbst erzählen, aber zuerst zeige ich dir dein Zimmer.“

Das Zimmer war größer als meines zu Hause, zudem hatte es ein eigenes Bad und Klo, es war richtig komfortabel. An der Wand hing ein großes Poster, auf dem Steine übereinander lagen. „Das sind meine Lieblinge“, bemerkte Valerie und deutete auf das Bild. Erst jetzt erkannte ich, dass die Steine gar keine Steine, sondern Schildkröten waren, die sich genüsslich sonnten.

„Wenn wir Glück haben, sehen wir welche auf unserer Tour“, schwärmte Valerie. Das hieß, dass wir die Station verlassen würden. „Komm!“, forderte sie mich auf. Wir rannten einen Korridor entlang und hielten vor einer Glastür. Valerie sah mich an, als würde eine Überraschung auf mich warten. Sie drückte eine der Glastüren auf und deutete mir zu folgen. Wir betraten ein Labor, in dem eine junge Frau stand. „Das ist Anna“, stellte Valerie mir die Wissenschaftlerin vor. Anna hatte kurze schwarze Haare und rote Fingernägel. Sie lächelte freundlich und streckte mir ihre Hand zur Begrüßung hin. „Dürfen wir eines der Babys sehen?“, bettelte Valerie. Anna nickte und führte uns zu einem Glasbecken. Über dem Becken hing eine Lampe, der Boden war mit Wasser bedeckt. Sie griff hinein und legte Valerie etwas in die Hand, das nicht größer als eine Münze war, ein Schildkrötenbaby! Das kleine, winzige Geschöpf ruderte mit seinen Beinchen. „Es ist erst vor ein paar Stunden geschlüpft“, erzählte Anna. Die Schildkröte sah wie ein Minisaurier aus, hatte einen langen Schwanz und winzige Krallen an den hautigen Beinchen. Ich hatte noch nie so etwas Süßes gesehen! Valerie gab Anna das Baby zurück und sie setzte es wieder ins Becken. Dann wusch sie sich die Hände und führte uns durchs Labor. Sie zeigte uns Schildkröteneier. Ich erfuhr, dass es an einer bestimmten Temperatur lag, ob aus Schildkröteneiern Männchen oder Weibchen schlüpften. Da die Temperaturen in der Au eher tief lagen, gab es mehr Männchen als Weibchen. Anna war die Geburtshelferin, die für genügend Weibchen sorgte, indem sie den Brutschrank auf eine dementsprechende Temperatur einstellte.

ABENDESSEN BEI KERZENLICHT

Frösche haben viele Feinde. Nicht nur Vögel und Schlangen bevorzugen Frösche als Nahrung. Auch bei Menschen landen sie im Kochtopf. Viele Frösche sterben auf der Straße, die sie überqueren, um zu ihren Laichgewässern zu gelangen.

Ich war schon so gespannt und wollte unbedingt etwas über die Tour erfahren. Doch Valerie schüttelte nur den Kopf. „Später", sagte sie. Nach unserem Laborbesuch erkundeten wir die nähere Umgebung. Ein Teil des Forschungszentrums ragte ins Wasser. Aus dem nahen Wald, der sich wie ein Dschungel erhob, hörte ich lautes Vogelgezwitscher. Das Gebäude war von einem Holzsteg umgeben, der bis in den Schilfgürtel hinausführte. Dort befand sich eine Anlegestelle für Boote. Neben einem Elektromotorboot entdeckte ich mehrere Kanus. Bei ihrem Anblick hatte ich so etwas wie eine Ahnung, die sich später als richtig erweisen sollte. Im Wasser tummelten sich Enten und kleine schwarze Vögel, die immer wieder abtauchten. Schwäne schwammen stolz mit ihren Jungen vorbei. Die Luft war weich und roch nach Wasser. Eine sanfte Brise strich übers Schilf. Ich atmete tief ein und hatte das Gefühl, angekommen zu sein.

Valerie führte mich zu einer Uferstelle, die nicht von Schilf bewachsen war. Im Gras ruhten Graugänse. Ein drohendes Zischen machte mir klar, dass ich nicht näher an sie herankommen sollte. Weiter weg entdeckte ich einen Silberreiher, der im Seichtwasser nach Fröschen und Fischen suchte.

„Du hast sicher viele Zeichnungen gemacht?“, fragte ich Valerie.

„Klar“, lachte sie und nickte. „Und du, hast du dein Heft mit?“

„Klar“, sagte ich und nickte ebenso. Wir setzten uns an einen Steg und beobachteten Wasserläufer und kleine Fische, die unter dem Wasser glitzerten. „Karl wird uns mitnehmen“, rückte Valerie endlich heraus. Dann erzählte sie vom Land der Frösche, das sich, verborgen an einem Flussseitenarm, tief in den Auen befand.

Als die Sonne langsam dem Horizont näher rückte und sich in einen roten Feuerball verwandelte, begannen die Spitzen der Wellen golden zu glitzern. Eine Glocke rief zum Abendessen. Gespeist wurde auf der Terrasse an einer weiß gedeckten Tafel. Kerzen flackerten und ein paar Vogelschwärme zogen über den Abendhimmel. Es war richtig romantisch. Als Valerie neben mir Platz nahm, bemerkte ich, dass sie sich umgezogen hatte. Sie duftete und ergriff für einen Augenblick meine Finger.

„Es ist so schön, dass du da bist", wiederholte sie noch einmal.

„Ich finde es auch schön", sagte ich und lächelte.

Neben Karl hatten zwei weitere Männer Platz genommen. Wie er waren sie Ranger. Ein anderer Mann, knochig und mit Schnauzbart und dem Grinsen eines Lausbuben, stellte sich als Doktor Berger vor. Der pensionierte Wissenschaftler unterstütze Valeries Vater bei seiner Arbeit im Labor. Mit Anna waren sie zu dritt im Labor. Anna half der Köchin beim Servieren. Herrlich duftendender Schmarrn wurde in die Tischmitte gestellt. Dazu gab es Zwetschkenröster und Hollerblütensaft. Ein Blick zu Valerie verriet mir, dass sie den Saft gemacht hatte. Das Rezept hatte ich mir bereits in meinem DwAheft notiert.

Wir langten alle tüchtig zu, die frische Luft machte hungrig. Die

Gespräche verstummten. Es wurde nur noch gekaut und geschluckt. Plötzlich, wie auf Kommando, begann ein Konzert der besonderen Art. Die Frösche stimmten ihr Abendkonzert an. Karl hob seinen Zeigefinger und bewegte ihn grinsend wie einen dicken, zu kurz geratenen Dirigentenstab.

„Er liebt Frösche", meinte Valerie zu mir gewandt. „Bitte erzähle Klaus, woran du arbeitest", ersuchte Valerie ihren Vater.

Der wischte sich mit einer Serviette den Mund ab. „Diesmal ist es keine erfreuliche Arbeit", sagte er und ich bemerkte, wie ernst sein Gesicht dabei wurde. „An vielen Orten der Erde verstummen die Froschkonzerte", begann er zu erzählen. „Die dünne Haut der Frösche macht sie empfindlich für Umweltgifte, Insektenvertilgungsmittel und Chemikalien. Doch das weltweite Froschsterben hat einen anderen Grund.“ Valeries Vater machte eine Pause. Er überlegte, wie er mir das Problem erklären sollte. „Ein Superkiller breitet sich auf der Erde aus“, fuhr er fort. „Er hat es auf Frösche abgesehen und tötet nicht nur schwache Tiere, sondern auch gesunde, starke.“ Mittlerweile hatten alle zu essen aufgehört. Sicher wussten sie, wovon Valeries Vater sprach. Ich spürte, wie betroffen sie waren. Valeries Vater erzählte von einem Pilz, der sich an empfindlichen Hautstellen der Frösche, an den Gliedmaßen und am Bauch einnisten konnte. Dort produzierte er Sporen, die bewirkten, dass die zarte Haut der Frösche anschwoll und ihre Hautatmung aussetzte. So führte der Pilz zu einem Massensterben. „An manchen Orten der Erde verstummte das Quaken der Frösche von einem Tag auf den anderen“, berichtete Valeries Vater. „Wissenschaftler auf der ganzen Erde suchen nach Möglichkeiten, den Fröschen zu Hilfe zu kommen.“ Valeries Vater war einer von ihnen.

Ich musste noch daran denken als ich längst im Bett lag und die Frösche draußen quakten. Ich konnte nicht einschlafen und dachte an eines meiner Computerspiele, in dem ein Virus auf einer arktischen Forschungsstation ausbrach und bewirkte, dass alle befallenen Menschen zu Monstern wurden. Das war nur ein Spiel. Der Pilz hingegen existierte wirklich. Er war eine tödliche Bedrohung für alle auf der Welt lebenden Frösche. Hatte unsere Tour damit zu tun?

AUFBRUCH ZU EINEM ABENTEUER

Frösche sind nicht nur Nahrung für Vögel und Schlangen. Frösche sind selbst Jäger. 5000 Insekten kann ein Frosch jährlich vertilgen. So nimmt der Frosch einen wichtigen Platz in der Natur ein.

Es war noch früh am Morgen, als mich Valerie zum Frühstück weckte. Wir aßen wieder auf der Terrasse. Diesmal waren wir nur zu dritt. Valerie hatte bereits den Frühstückstisch gedeckt. Die Köchin war ebenso aufgestanden, um Proviant für uns zu richten. Valerie reichte mir eine Jostabeerenmarmelade. „Die musst du unbedingt kosten", sagte sie verheißungsvoll. Valerie hatte sie von zu Hause mitgebracht. Kochen war eine von Valeries großen Leidenschaften – und sie war eine verdammt gute Köchin. Valerie kannte Wildkräuter und Wildgemüse und probierte immer wieder neue Rezepte aus, die sie wie Geheimnisse in ihrem DwA-heft festhielt.

Karl bot mir die Hälfte seiner

Ham and eggs an. „Iss nur, du brauchst Kraft“, schmunzelte er und schluckte einen großen Bissen hinunter. Das war auch schon alles, was er an diesem Morgen sagte.

Valerie zeichnete mir die Route, die wir zurücklegen wollten, auf. Zuerst würden wir mit dem Kanu flussabwärts bis zu einem der Seitenarme paddeln. „Während sich Karl um das Gepäck kümmert, können wir ein Bootstraining machen“, schlug sie vor und schenkte mir ein Lächeln, das mir durch und durch ging. Valerie sprang auf und lief los, um Paddel und Schwimmwesten zu holen.

Schwimmen war für mich lange Zeit ein Albtraum gewesen. Das war an meinem Stiefvater gelegen, der sich vorgenommen hatte, mir das Schwimmen beizubringen. „Schwimmflügel sind für die Fische“, hatte er behauptet. Außerdem würden sie an einem Siebenjährigen lächerlich aussehen. Er wollte, dass ich zu ihm ins tiefe Wasser sprang.

Ich konnte mich noch gut daran erinnern, wie ich am Beckenrand stand und zögerte. Er breitete seine Arme aus. „Na komm schon!“, rief er. Dann sprang ich, glitt aber zwischen seinen Händen hindurch, tauchte unter und trank beinahe das halbe Becken leer. Wie ein Hündchen paddelte ich panisch zum Beckenrand. Dort zog mich meine Mutter heraus. Ich hustete und kotzte Wasser. Meine Mutter bestand darauf, dass ich das Schwimmen selbst erlernen sollte. Der große Durchbruch gelang mir, als ich mit einer Taucherbrille einen ersten Blick unter Wasser tat. Später bewegte ich mich mit Taucherbrille durch dreißig Zentimeter tiefes Wasser. Nach und nach wagte ich mich dann in tieferes Wasser vor. Das Erlebnis mit meinem Stiefvater saß jedoch so tief, dass mir Wasser bis heute nicht sehr behagte.

Valerie versprühte Heiterkeit, als wir die Schwimmwesten anprobierten. „Karl hat eine Spezialanfertigung", kicherte sie, seine Schwimmweste ähnelte einem Zelt.

Ich durfte als Erster ins Kanu steigen. „Das wackelt!", rief ich erschrocken und wäre beinahe aus dem Kanu ins Wasser gestürzt.

„Klar“, lachte Valerie. Sie sprang ins Boot und hielt sofort das Gleichgewicht. „Alles Übung“, versicherte sie und fügte hinzu: „Du kannst sitzen oder knien.“ Dann überreichte sie mir eines der Paddel und führte vor, wie ich es knapp unter der Wasseroberfläche führen musste. Das sah alles sehr einfach aus.

„Was treibt ihr da!“, hörte ich Karl rufen, als wir in Schlangenlinien dahinfuhren und uns vergeblich bemühten, einen gemeinsamen Paddelrhythmus zu finden. „Wir sind ein super Team“, versicherte Valerie. Sie konnte an der schlimmsten Katastrophe etwas Positives sehen.

Karl bestieg sein eigenes Kanu. Es war randvoll mit Gepäck und ragte, nachdem er auch noch Platz genommen hatte, kaum aus dem Wasser. Karl wischte sich mit dem Handrücken über den Mund, tauchte das Paddel ins Wasser und steuerte sein Kanu an uns vorbei. Die Luft war kühl. Über dem Wasser lag noch die Stille des Morgens. Der ufernahe Wald war voller Vogelgezwitscher und dem Trommeln der Spechte. Wir fuhren mit der Strömung des Flusses, die uns gemächlich voranschob. Beim Eintauchen der Paddel plätscherte das Wasser sanft. Eine Entenfamilie mit ihren Jungen brachte sich schnell in Sicherheit. Vielleicht würde ich mich doch noch mit dem Wasser anfreunden können.

JAGD

Frösche gehen abends auf die Jagd. Gejagt wird alles, was sich bewegt und natürlich nur so groß ist, dass es auch in ein Froschmaul passt.

Die Sonne schien immer kräftiger vom Himmel. Im Fahrtwind war sie kaum zu spüren. Vorsorgend hatten wir uns die Gesichter eingeschmiert. Ich mochte den Geruch von Sonnencreme, der sich mit dem Geruch des Wassers vermischte. Es roch nach Ferien. Der Fluss wurde breiter, wir paddelten in Ufernähe und es ging flott dahin. Wir

waren bereits eine Stunde unterwegs, als wir die Stelle erreichten, wo ein breiter Seitenarm vom Fluss wegführte.

Wir bogen in diesen Seitenarm ein. Ich bemerkte, wie die Strömung nachließ. „Wir nähern uns dem Land der Frösche", sagte Valerie geheimnisvoll und funkelte mich mit ihren dunklen Augen an. Bäume und Sträucher wuchsen so dicht ans Ufer heran, dass die Äste ins Wasser ragten. Wir machten kaum Fahrt. Die Stimmen der Vögel waren lauter geworden. Das Wasser war so klar, dass wir bis auf den Grund sehen konnten.

„Hier ist der Boden sandig", erklärte Valerie. „Da kann man prima tauchen." Plötzlich schlug sie mit dem Paddel ins Wasser und spritzte mich von oben bis unten voll. Sie lachte.

„Sehr komisch", bemerkte ich nur. Vor uns tauchte eine Schilfinsel auf. In ihrer Mitte stand ein mächtiger, abgestorbener Baum, auf dem sich Vögel niedergelassen hatten. Plötzlich hörten wir einen Knall. Die Vögel flatterten kreischend hoch.

Karl richtete sich auf und wandte den Kopf nach allen Richtungen. „Das klang nach einem Schuss", sagte er. „Dieses Gebiet ist mit Sicherheit nicht zur Jagd freigegeben."

Ein zweiter Knall!

Karl stieß sein Paddel ins Wasser. „Wir sind gleich da", versicherte er und trieb sein Kanu voran. Wir fuhren an der Insel vorbei und

bogen in einen noch kleineren Seitenarm ein. Dieser endete in einer Bucht. Das Ufer bildete ein schmaler Sandstrand, dahinter erstreckte sich hoher Wald. Wir konnten problemlos aussteigen und zogen die Kanus so weit an Land, dass sie nicht mehr wegschwimmen konnten. „Hier schlagen wir die Zelte auf", bestimmte Karl und hob den Kopf, als würde er Witterung aufnehmen. An seinem Gesicht sah ich, dass ihn etwas beunruhigte. Karl kannte sich hier aus. Er führte uns zu einer ebenen Stelle, wo hohe Bäume für Schatten sorgten. „Ihr könnt mit dem Aufstellen der Zelte beginnen, ich bin gleich wieder da", sagte er.

„Der wird sich die Jäger schnappen“, flüsterte mir Valerie zu.

Äste knackten, als Karl im Dickicht verschwand. Wir holten etwas zu trinken und setzten uns auf einen Baumstamm, dessen Oberfläche vom Wasser und der Sonne ganz glatt geworden war.

„Ein schöner Ort, nicht wahr“, sagte Valerie und ich gab ihr Recht. „Nicht weit von hier gibt es viele große und kleine Teiche“, erzählte sie. Das musste das Land der Frösche sein, da war ich mir sicher.

Valerie sah mich an und unsere Blicke trafen sich. Ich spürte, wie es mir warm wurde. Ich hatte noch nie in meinem Leben ein Mädchen geküsst. Sie erschien mir wie eine Prinzessin. „Vielleicht wird sie zu einem Frosch werden, wenn ich sie küsse“, dachte ich vergnügt. Valerie stand auf und ging ans Wasser. Sie hatte das bunte Kleid an und war barfuß. Verspielt streckte sie ihre Hände gegen den Himmel und tanzte. Sie war so cool! Dann bückte sie sich, um etwas aufzuheben, vielleicht eine Feder. Sie sah zu mir herüber. „Sieh dir das an!“, rief sie.

Ich wollte gerade aufstehen, als ein weiterer Schuss fiel. Die Jäger mussten ganz in der Nähe sein. Unbehagen machte sich in mir breit. Auch Valerie sah besorgt zum Wald hinüber.

Ich ging zu ihr. Im Sand waren Valeries Fußabdrücke zu sehen. Es gab auch noch andere Spuren. Die Abdrücke kleiner Vogelfüßchen zogen sich wie Reißverschlüsse durch den Sand. Valerie hatte die Spur eines viel größeren Tieres entdeckt. „Ein herrenloser Hund?“, fragte ich, denn außer meinen und Valeries Fußspuren sah ich keinen menschlichen Fußabdruck.

Valerie nickte anerkennend. „Gut kombiniert, außerdem ist die Spur noch frisch, das erkennt man daran, dass sich die Ränder noch ganz scharf im Sand abzeichnen“, bemerkte sie.

Ein herrenloser Hund war eine Gefahr für alle Kleintiere und die

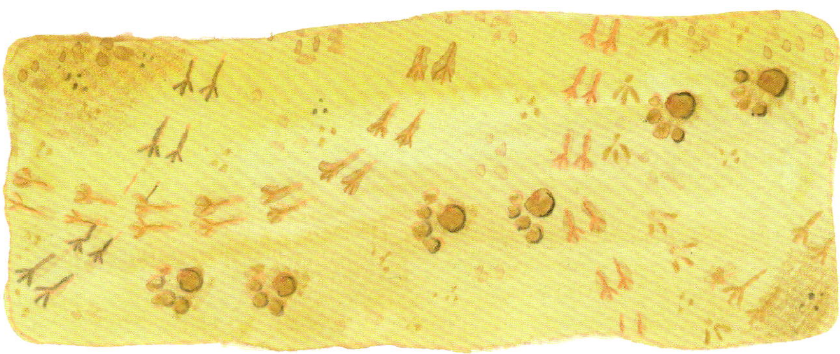

am Boden nistenden Vögel. Von einem Hund war jedoch nichts zu sehen. Im Wald war es plötzlich still, unheimlich still. Erst die Schüsse der Jäger, dann die Spuren eines freilaufenden Hundes, in mir breitete sich ein eigenartiges Gefühl aus.

„Komm“, sagte Valerie und versprühte Optimismus, „wir holen die Zelte aus Karls Kanu.“

Vielleicht war es meine Angst, die den Hund anzog. Ich spürte ihn, bevor ich ihn sah. Er musste sich ganz in der Nähe aufgehalten haben. Wir trugen zu zweit ein Zelt, als Valerie innehielt.

„Ruhig stehen bleiben“, flüsterte sie. Ich legte das Zelt hin und drehte mich vorsichtig um. Ein riesiges Tier kam auf uns zugerannt. Der Hund hielt den Kopf gesenkt, seine Ohren waren angelegt. Die Nackenhaare standen wie Stacheln ab. Das Tier umkreiste uns und bleckte seine Zähne. Mir wurde übel, mein Herz pochte bis zum Hals. Ich stand versteinert da und spürte, wie mir die Knie weich wurden. Der Hund begann wie verrückt zu kläffen. „Bellende Hunde beißen nicht“, dachte ich, was mich jedoch nicht beruhigte. Ich war überzeugt, dass uns dieser hier gleich in Stücke reißen würde. Ich hatte nicht einmal einen Stock, um ihn abzuwehren.

Valerie blieb die Ruhe selbst. „Du brauchst keine Angst zu haben“, sagte sie, jedoch nicht, um mich zu beruhigen. Sie redete mit dem Hund. „Hast du dich verlaufen?“, erkundigte sie sich und lächelte den Hund an. Dann redete sie weiter auf ihn ein. Vielleicht besaß sie die Gabe, Tiere zu hypnotisieren? Der Hund schien etwas verwirrt zu sein. Er hatte aufgehört, uns seine Reißzähne zu zeigen. Als Valerie jedoch ihre Hand vorstreckte, begann er wieder zu kläffen.

Ich hoffte, Karl würde jeden Augenblick auftauchen und uns zu Hilfe kommen.

Doch dann geschah das Wunder. Der Hund schnupperte an Valeries Handrücken. Seine Nackenhaare legten sich und er wedelte mit dem Schwanz. Nachdem er an Valerie geschnuppert hatte, kam er auch zu mir. Eine riesige, raue Hundezunge leckte an meinen Fingern.

„Wir brauchen etwas, womit wir ihn anbinden können“, sagte Valerie.

Der Hund hatte nicht einmal ein Halsband. Er ließ sich jetzt sogar streicheln. Ich berührte ihn ganz vorsichtig. Da kam mir plötzlich eine Idee und ich zog den Gürtel aus meiner Hose. „Vielleicht hilft uns das fürs Erste.“ Der Gürtel eignete sich wirklich. Er war Halsband und kurze Leine in einem.

Nachdem Valerie dem Hund den Gürtel als Halsband umgelegt hatte, konnte sie ihn kaum halten. Der Kerl wollte plötzlich spielen.

Da hörten wir aufgebrachte Stimmen und es knackte im Unterholz. Karl erschien mit zwei weiteren Männern. Sie waren mit Stiefeln, olivgrünen Hosen und Jacken bekleidet. Jeder von ihnen hatte ein Gewehr geschultert. „Frechheit", ereiferte sich der Kleinere von beiden. Er hatte ein rundes, fleischiges Gesicht und wischte sich mit einem Taschentuch über den glänzenden, kahlen Schädel. „Wir sind berechtigt, hier zu jagen."

„Sie bleiben stehen", sagte Karl. Sein Kopf war rot wie eine Tomate und seine Stimme klang aufgebracht.

„Für wen halten Sie sich, dass Sie hier Befehle erteilen!", rief der kleine Dicke und seine hohe Stimme überschlug sich beinahe. „Ob Sie Ranger sind oder nicht, das interessiert uns nicht. Mein Begleiter hier ist Anwalt, der wird Sie verklagen!" Er warf dem anderen Mann einen Blick zu. Der nickte, sah aber nicht nach einem Anwalt aus. Der Mann war ausgemergelt und unrasiert. Seine kleinen Augen glänzten und ich nahm den Geruch von Alkohol wahr.

Karl hielt im Gehen inne. Er drehte sich um. Wie ein mächtiger Berg baute er sich vor den beiden Männern auf. Der kleine Dicke zog den Kopf ein. „Sie brauchen hier keine Drohungen auszustoßen", sagte Karl langsam und betonte jedes seiner Worte. Seine bratpfannengroßen Hände ballten sich zu Fäusten und seine Augen funkelten gefährlich.

Der „Anwalt“ zupfte nervös an seiner Hose. Der kleine Dicke schob seinen Unterkiefer vor. Ich rechnete jeden Augenblick damit, dass Karl explodieren könnte.

„Karl“, rief Valerie, „uns ist etwas zugelaufen.“

Die Männer sahen auf. Sie hatten uns noch gar nicht richtig bemerkt. Plötzlich waren alle Augen auf uns gerichtet. „Hassan, zu mir!“, rief der „Anwalt“ mit rauer Stimme. Der Hund reagierte nicht. „Das ist unser Ausreißer“, bemerkte er zu Karl gewandt. „Der Köter schafft es, sich immer wieder loszureißen.“ Der Mann ging auf uns zu, während der andere seinen Hals reckte und Karl anschnauzte: „Ihre beiden jungen Begleiter haben ein wirkliches Problem gelöst und den Hund festgehalten.“

Karl wandte sich wortlos ab und ging zum Kanu. Dort nahm er ein Handy aus einer Tasche und begann ein Telefonat.

Der „Anwalt“ übergab uns den Gürtel. Er hatte den Hund an ein Seil gebunden, das er aus einer seiner Jackentaschen geholt hatte. Der Hund zog zu unserer Verwunderung seinen Schwanz ein und schien nicht gerade sehr glücklich zu sein.

„Wir brechen auf“, sagte der kleine Dicke, er schien es plötzlich eilig zu haben. „Sie hören von uns!“, rief er Karl zu, der immer noch telefonierte. Als die beiden Männer zwischen den Bäumen verschwanden, hörten wir den Hund aufjaulen. Wahrscheinlich hatten sie ihn geschlagen.

Karl kam zurück, sein Kopf war immer noch knallrot. „Es gibt immer welche, die glauben, sie können sich alles erlauben“, bemerkte er bitter. „Die beiden haben behauptet, sie hätten eine Sondergenehmigung zum Jagen.“ Karl wischte sich den Schweiß von der Stirn. „In der Verwaltung weiß niemand etwas davon.“

„Wir lassen uns jetzt die gute Laune nicht verderben“, entschied Valerie und klopfte Karl auf den Rücken.

Der Riese lächelte und nickte. Dann stellten wir gemeinsam die Zelte auf. Karl und Valerie waren bereits ein Team, jeder Handgriff saß. Mittlerweile war es sehr heiß geworden.

DER FLUSS

Es gibt nicht nur Breitmaulfrösche (dies ist eine Übersetzung aus dem Englischen, bei uns heißen diese Frösche Hornfrösche), sondern auch Engmaulfrösche und kleine bunte Frösche (so genannte Pfeilgiftfrösche) in den Tropenwäldern, die tödlich giftig sind.

Nachdem wir mit dem Zeltaufstellen fertig waren, verschnauften wir erst einmal im Schatten. Karl schlug vor, Schwimmen zu gehen. Er stürzte sich, nur mit einer Unterhose bekleidet, ins Wasser. Es war, als würde ein Elefant baden gehen. „Abkühlen nicht vergessen!“, rief er uns zu.

Ich verschwand im Zelt, um mich umzuziehen. Mit einer großen Zehe prüfte ich dann die Wassertemperatur. Das Wasser war ziemlich kalt.

Plötzlich klatschte ein riesiger Stein vor mir ins Wasser. „Abkühlung!", lachte Valerie. Ich wäre vor Schreck beinahe gestorben. Das sollte sie büßen. Ich spritzte, was das Zeug hielt.

„Freunde!", rief sie schließlich kichernd und hielt mir ihre Hand hin. Ich schlug ein, was ein Fehler war, denn sie zog mich ins Wasser. Unglaublich, welche Kräfte dieses Mädchen besaß.

Karl war mittlerweile wieder aus dem Wasser gestiegen. „Ich hoffe, ich kann euch kurz alleine lasse", sagte er mit einem Grinsen. Er holte einen Koffer mit Messgeräten aus dem Kanu. Er wollte an verschiedenen Stellen Wasser- beziehungsweise Bodenproben entnehmen. Er winkte und marschierte los.

Auch Valerie stieg aus dem Wasser und holte zwei Taucherbrillen. „Hier ist die beste Stelle, um zu tauchen." Sie warf mir eine Brille zu und spuckte in die andere. „Damit sich das Glas nicht beschlägt", erklärte sie.

Ich zögerte, dann spuckte ich in meine Brille. Die Spucke musste verrieben werden. Dann wurde die Brille ausgespült, ekelig, aber wirksam. Ich war bisher noch nie in einem Fluss, auch wenn es nur ein Seitenarm war, getaucht. Vorsichtig ließ ich mich ins Wasser gleiten und wagte einen Blick unter Wasser. Ich kam mir vor wie ein riesiger Fisch. Um mich herum tat sich eine herrliche Unterwasserlandschaft auf. Ich spürte mein Herz klopfen. Aus dem sandigen

Boden ragten abgestorbene Äste. An manchen Stellen wuchsen krautige Pflanzen, die bis zur Wasseroberfläche reichten. Ich holte Luft, tauchte aber gleich wieder ab. Winzige Fische zogen an mir vorüber.

Valerie schwamm auf mich zu. Mit ihren langen, wehenden Haaren glich sie einer Meerjungfrau. Luftblasen strömten aus ihrem Mund. Beinahe hätte ich mich verschluckt, so komisch sah sie aus. Wir holten gleichzeitig Luft. Ich hustete und hielt mir den Bauch vor Lachen. Valerie wollte mir etwas zeigen. Sie tauchte wieder unter und ich folgte ihr. Vor einem mächtigen Wurzelstock machte sie Halt. In der Nähe des Ufers, das hier steil abfiel, stand ein Fisch, unbeweglich wartete er auf Beute. Der Fisch war riesig und hatte eine schnabelähnliche Schnauze. Es war ein Hecht, der immer an derselben Stelle steht, wie mir Valerie später erzählte.

Als Karl zurückkam, hatte Valerie blaue Lippen und ich klapperte mit den Zähnen. Wir zogen uns etwas Warmes an. So richtig schön wurde es später am Feuer. Es sollte eigentlich Würstchen und Steckerlbrot geben, doch Karl hatte etwas gefunden. „Unsere Jäger haben ihre Beute liegen lassen", triumphierte er und hielt eine tote Ente hoch. Also hatte mein Stiefvater doch Recht gehabt, es würde gebratene Ente geben.

Während wir Holz für unser Lagerfeuer suchten und es dann wie ein Zelt in der Feuerstelle auftürmten, erklärte uns Karl die beste Methode, eine Ente zu braten. Dann entzündeten wir das Feuer und Karl ging noch einmal in den Wald, um Lehm aus einer Lehmkuhle zu holen. Mit dem Lehm umhüllte er die Ente samt ihren Federn

nachdem er sie vorher ausgenommen, mit Kräutern gefüllt und gewürzt hatte, so dass sie einer Lehmkugel glich. Währenddessen war von unserem Feuer nur noch ein riesiger Gluthaufen übrig geblieben. Die Lehmkugel vergrub Karl sorgfältig in der Glut. Danach kam die schwierigste Übung. Wir mussten warten. Über eine Stunde dauerte es, bis Karl die Lehmkugel aus der Glut holte. Mir krachte der Magen und auch Valeries Bauch ließ seltsame Töne erklingen. Die Lehmkugel wurde aufgeschlagen. „Seht ihr", sagte Karl stolz, „die Federn bleiben im Lehm kleben." Er schnupperte vergnüglich. Es roch verdammt gut.

„Auf Karl, den besten Entenkoch aller Zeiten!“, rief Valerie später mit vollem Mund. Das Fleisch der Ente war ein bisschen zäh. Aber es schmeckte köstlich, und das nicht nur, weil wir Hunger hatten.

Die letzen Sonnenstrahlen funkelten durch die Blätter der Bäume. Wie aus dem Nichts tauchten Libellen auf. Und wieder erklang das Froschkonzert, so voll und kräftig, wie ich es nie zuvor gehört hatte. „Morgen statten wir ihnen einen Besuch ab“, grinste Valerie und wischte sich über den Mund.

Als es bereits dunkel geworden war, holte Karl eine Mundharmonika aus dem Rucksack. Es war mir unbegreiflich, wie er mit seinen riesigen Pranken einem so kleinen Musikinstrument Töne entlocken konnte. Wir hatten noch ein paar Äste in die Glut gelegt und das Feuer neu entfacht. Die Äste knackten im Feuer und Funken sprühten, während wir über die Schule und unsere Eltern redeten. Valerie erzählte mir, dass ihre Mutter, die ebenfalls an einem Forschungsauftrag arbeitete, noch ein Jahr in Afrika bleiben würde. „Es macht meiner Mutter gar nichts aus, dass sie mich so lange nicht sieht“, sagte sie und versuchte tapfer zu lächeln.

Ich legte meinen Arm um sie und spürte ihren Kopf auf meiner Schulter. Lange saßen wir so am Feuer und hörten Karl und den Fröschen zu.

DAS LAND DER FRÖSCHE

Die Körpertemperatur der Frösche ist von der Temperatur ihrer Umgebung abhängig. Wenn es kalt wird, kühlt auch das Blut der Frösche ab und sie verlieren ihre Beweglichkeit.

Der Morgen war kühl. Ich kroch aus dem Zelt, weil ich dringend aufs Klo musste. Es roch nach Kaffee und ich entdeckte Karl, der mit einer Tasse in der Hand am Ufer saß und ins Wasser starrte. Neben ihm stand ein Gaskocher. Karl hob seinen Kopf und lächelte mir zu. „Gut geschlafen?“, erkundigte er sich.

Ich nickte und lächelte zurück. Valerie standen die Haare zu Berge, als sie eine Stunde später zum Frühstück erschien. Die Sonne war bereits aufgegangen und ihre Strahlen zogen wie helle Fäden durchs Geäst der Bäume.

Wir frühstückten Marmeladebrote, die ich mit Karl vorbereitet hatte, und tranken heißen Kakao. Plötzlich sprang Valerie auf und lief ans Ufer. Ein Biber paddelte durchs Wasser. „Weiter oben ist sein Bau“, erzählte sie aufgeregt und wäre mit mir am liebsten gleich losgerannt. Doch Karl hielt sie zurück. Während wir uns die Zähne putzten, erledigte Karl den Abwasch. Dann ging es endlich los. In guten Schuhen, mit unseren Heften, Stiften, einer Becherlupe und einem feinmaschigen Netz bewaffnet, brachen wir auf. Im Wald zwitscherten Vögel und es roch nach feuchtem Laub. Ich war nur wenige Schritte gegangen, da hüpfte etwas über den Boden. Der kleine Winzling brachte sich vor meinen riesigen Füßen in Sicherheit. „Ein Laubfrosch!“, rief ich begeistert.

„Das kann nicht sein“, sagte Valerie. „Es gibt hier so gut wie keine Laubfrösche.“ Wahrscheinlich war das kleine Kerlchen ein Erdkrötenbaby. Ein paar Meter weiter hüpfte das nächste. Von nun an bewegte ich mich ganz vorsichtig durch den Wald. Bald kamen wir an mehrere kleine Tümpel, deren klares Wasser durch die dunkeln Blätter am Grund schwarz erschien.

„Wer findet das coolste Tier?“, rief Valerie. Ich folgte einem kleinen Bachlauf, der sich in einen der Tümpel ergoss, und nahm einen Stein aus dem Wasser.

Ein fetter Blutegel hatte sich darauf festgesaugt. Er löste einen seiner Saugnäpfe und versuchte zu entkommen. Sofort ließ ich den Stein wieder ins Wasser fallen und hätte beinahe einen Molch erschlagen. Er ähnelte einem kleinen Drachen. Über seinen Rücken verlief ein gezackter Kamm, der gelb und rot gefärbt war. Ich musste an Valeries Chamäleon denken. Valerie und Karl waren begeistert. Doch dann entdeckte Karl ein Geschöpf, das unheimlich und schön zugleich war, eine Libellenlarve. „Sie amtet durch Kiemen“, erzählte Karl, wir betrachteten sie fasziniert. Es war nicht zu glauben, dass daraus einmal ein fliegendes Insekt werden würde. Bevor wir die Larve wieder zurück ins Wasser setzten, fertigte ich eine Zeichnung

an. Zu Hause wollte ich mir Informationen über Libellenlarven aus dem Internet holen. Wir fingen auch einen Wasserkäfer und retteten einen Regenwurm vor dem Ertrinken.

Der Wald wurde lichter und wir kamen an einen der Teiche. Mindestens zehn Frösche sprangen erschrocken ins Wasser. Sie tauchten kurz unter und streckten die Köpfe zwischen den Blättern der Wasserlinsen wieder hervor. Jede Menge große, kleine, braune und grüne Frösche bevölkerten das Teichufer. Die meisten ruhten ausgestreckt zwischen den Wasserpflanzen, einige hockten auf einem der großen Seerosenblätter. Quak, Quak.

Nie zuvor hatte ich gesehen, wie ein Frosch seine Schallblasen aufbläst. Es sah so aus, als würde er Kaugummi kauen und Blasen machen, nur dass dabei auch noch ein Geräusch entstand. Ein Frosch trug einen kleineren Huckepack. „Machen die Sex?“, entfuhr es mir. Ich bekam keine Antwort, Valerie grinste vor sich hin.

Karl winkte uns zu sich heran. Durch das Wasser glitt eine schwarze Schlange. Sie sah gefährlich aus. „Gut, dass wir hier nicht tauchen waren“, bemerkte ich erleichtert.

„Das ist eine Ringelnatter, völlig harmlos“, versicherte mir Valerie. Die Frösche dachten anders darüber. Die Schlange brachte Bewegung in den Teich. Die Frösche hatten sie längst bemerkt und brachten sich in Sicherheit. Sie schienen gut zu sehen und zu hören.

Karl lächelte – wie konnte ein so großer Bär von einem Mann diese kleinen Tiere nur so mögen?

Valerie zog mich weiter. Wir liefen durch hohes Gras und kamen zu einem toten Flussarm, in dem sich das Wasser kaum bewegte. Auf einem sehr dicken Ast, der im Wasser lag, sah ich zum ersten Mal in meinem Leben eine freilebende Sumpfschildkröte sitzen. Sie war aus dem Wasser gekrabbelt, um sich in den ersten Sonnenstrahlen zu wärmen. Die Schildkröte war ungefähr zwanzig Zentimeter groß. Ihr Panzer war dunkelgrün, beinahe schwarz. Valerie ergriff meine Hand. Auch sie war vom Anblick der Schildkröte berührt.

Nach und nach entdeckten wir weitere Schildkröten, die an die Wasseroberfläche kamen, um Luft zu holen. „Bald werden sie sich um die Sonnenplätze streiten", lachte Valerie.

Karl war vorausgegangen, um den Bibern einen Besuch abzustatten. Wir blieben bei den Schildkröten, um Zeichnungen zu machen. Valerie war schon öfter hier gewesen und kannte sich gut aus. So konnte uns Karl getrost alleine lassen. Je wärmer es wurde, desto mehr Schildkröten kamen aus dem Wasser. Bald sah es so aus wie auf dem Bild in meinem Zimmer. Zwei, manchmal sogar drei Schildkröten saßen übereinander. Plötzlich musste ich husten und löste damit eine Panik aus. Viele der unten liegenden Schildkröten stürzten sich so schnell ins Wasser, dass die oberen ins Wasser purzelten. Das war komisch anzusehen. Leise wie Indianer schlichen wir uns später davon, um nicht eine weitere Panik unter den Tieren auszulösen.

TÖDLICHE GEFAHR

Die Augen der Frösche sitzen wie Kuppeln auf dem Kopf. Sie ermöglichen dem Frosch einen guten Rundblick. Frösche hören auch hervorragend. Durch das Quaken finden Weibchen ihre Männchen. Es kann aber auch heißen, dass ein Revier schon besetzt ist.

In einem Jungwald entdeckten wir die ersten Biberspuren. Von einigen Bäumen waren nur noch abgenagte Stumpfe zu sehen. Aufgeregt gingen wir weiter und kamen ans Wasser. Dann hielt ich den Atem an. In den Ästen eines umgestürzten Baumes, der weit ins Wasser hinausragte, befand sich eine riesige Biberburg. Lautlos schlichen wir das Ufer entlang, um eine bessere Sicht zu haben.

„Die jungen Biber sind nach ihrer Geburt wasserscheu", erzählte Valerie. „Sie werden von ihrer Mutter ins Wasser ‚geworfen'."

Diese Methode, schwimmen zu lernen, kam mir sehr bekannt vor.

„Schau", flüsterte sie. Vor uns tauchte im Wasser ein Biber auf. Es war ein riesiges Tier, dasselbe, das wir bereits in der Früh gesehen hatten. Der Biber schwamm zügig davon. Um die Biberburg herum blieb es ruhig. „Ich hätte gerne eines der Jungen gesehen", gestand Valerie. Ich auch.

Karl kam durchs Unterholz und machte jede Menge Krach. Er schien sehr aufgebracht zu sein. „Seht euch das an", begrüßte er uns.

Wir folgten Karl, der immer wieder innehielt und sich nach allen Seiten umsah. Er schien etwas zu suchen. Dann hob er seinen Arm und deutete uns, stehen zu bleiben. Nur langsam durften wir näher kommen. Gut getarnt lag eine Falle am Boden. „Wenn ihr die überseht, sieht es übel aus", bemerkte er. Er nahm einen Stock und stach in die Falle. Die schnappte ungeheuer schnell und kraftvoll zu. Ein

Biber wäre auf der Stelle getötet worden. Wir hatten Glück, nicht selbst in die Falle gestiegen zu sein. Natürlich ist das Aufstellen von Tellerfallen strengstens verboten. „Diese Verbrecher", schimpfte Karl. Er war überzeugt, dass die beiden „Jäger" die Falle aufgestellt hatten. „Ich muss zum Kanu, um eine Kamera zu holen. Vielleicht haben unsere beiden ‚Jäger' Spuren hinterlassen", hoffte Karl. Wir suchten das Ufer ab, fanden jedoch keine weitere Falle. Die wichtigste Entdeckung machte Karl auf dem Rückweg. Auf einer Lichtung war das Gras flachgedrückt. An dieser Stelle hatte ein Zelt gestanden. Wir fanden Zigarettenstummel und einen Nylonsack voller Dosen und Flaschen. Mit Sicherheit war das der Lagerplatz der „Jäger" gewesen. Karl schüttelte den Kopf. Er hielt alles mit seiner Kamera fest. Dann packten wir den Müll und auch die Falle ein, um sie als Beweisstücke mitzunehmen. Ich fand es richtig spannend. Wie Umweltdetektive wollten wir weitersuchen. Und tatsächlich fanden wir an einer lehmigen Uferstelle Stiefelabdrücke. Die wurden sofort fotografiert. „Mit Gips hätten wir die Abdrücke ausgießen können, leider haben wir keinen mit", bedauerte Valerie. Karl war zufrieden. Er wusste, was er tun wollte, falls die beiden „Jäger" noch einmal im Naturschutzgebiet auftauchten.

Es wurde auch für uns Zeit, unser Lager abzubrechen. Wir aßen noch eine Kleinigkeit, bauten die Zelte ab und nahmen unseren Müll mit. Natürlich hinterließen auch wir unsere Spuren, aber die würden bald nicht mehr zu sehen sein.

Viele schöne Erinnerungen nahmen wir mit. Ich zog das Paddel durchs Wasser und ließ meinen Blick am Ufer entlanggleiten. Reiher flogen über unsere Köpfe hinweg. Aus dem grünen Dickicht drangen die Stimmen der Vögel bis zu uns herüber. Dahinter lagen die Teiche und Seen, das Land der Frösche, wo sich die Schildkröten sonnten und Biber an ihrer Burg bauten. Es war gar nicht so einfach, gegen die Strömung zu paddeln. Doch Valerie hatte Recht, wir beide waren ein super Team. Zu Hause im Forschungszentrum packten wir unsere Sachen aus und machten dann ein bisschen Pause.

Am späten Nachmittag brachte mir Valerie meine Angel. Sie hatte auch eine dabei. „Los, es ist Zeit, für das Abendessen zu sorgen!", forderte sie mich auf.

„Wenn ich dafür sorgen soll, werden wir verhungern", entgegnete ich ihr, „aber du bist sicher eine gute Anglerin. Ich gehe gerne mit, aber angeln werde ich nicht."

Doch als Valerie ihre Angel auswarf, tat ich es natürlich auch. Mein Blinker lag kaum im Wasser, als ich spürte, dass da etwas an der Leine zog. „Das kann nicht sein", dachte ich. Der Fisch war kräftig, der Blinker verschwand im Wasser.

Valerie kam mir zu Hilfe. „Hoffentlich hat er sich nicht unter einen Stein geflüchtet!", rief sie.

Für einen Moment hatte ich das Gefühl, die Angelrute würde mir aus den Händen gerissen. Ich wusste nicht, was ich tun sollte. Liebend gerne hätte ich den Fisch schwimmen lassen. Doch dazu musste ich ihm den Haken aus dem Maul nehmen. Also musste ich ihn an Land ziehen.

Valerie griff nach ihrem Kescher. Wasser spritzte, ich konnte den Fisch zum ersten Mal sehen. Er war riesig. „Ein Hecht!“, rief Valerie.

„Oh, nein!“, rief ich und dachte an den Hecht, den wir unter Wasser beobachtet hatten. Aber es gab kein zurück. Valerie drückte mir den Kescher in die Hand und übernahm die Angel. Es war wie ein Kampf auf Leben und Tod, aber es war klar, wer diesen Kampf verlieren würde. Letztendlich landete der Fisch im Topf und ich gestehe, er schmeckte köstlich. Valerie hatte darauf bestanden, ein Foto mit mir und dem Hecht zu machen. „Dein Stiefvater soll sehen, was für ein toller Angler du bist. Er wird vor Neid erblassen!“, sagte sie und zwinkerte mir zu.

Valerie gab mir immer das Gefühl, dass ich alles schaffen könnte. Und in ihrer Nähe schien mir das auch zu gelingen. Sie selbst war immer unerschrocken und wusste, was sie zu tun hatte. Sie tötete den Fisch so sicher wie sie das Paddel durchs

Wasser zog. Ich genoss jeden Augenblick, den ich in ihrer Nähe verbringen durfte.

Als wir an einem der nächsten Abende am Wasser saßen, überreichte sie mir eine Perle. Sicher war ihr aufgefallen, dass ich auch eine Kette um den Hals trug. Valerie hatte die Perle selbst geschnitzt. Beim näheren Betrachten erkannte ich den Panzer einer Schildkröte. „Eine Erinnerung an das Tal der Frösche“, sagte sie. Sie lächelte mich an, ihre Augen strahlten vor Wärme. Ihr Gesicht war meinem ganz nah. Ich spürte mein Herz pochen. Die Zeit schien still zu stehen und das Quaken der Frösche zu verstummen, als sich unsere Lippen berührten und ich zum ersten Mal ein Mädchen küsste. Ich schloss meine Augen und genoss ein Gefühl, das ich bis in die Zehenspitzen fühlte. Ich öffnete meine Augen und blickte tief in Valeries Augen. „Komm!“, flüsterte sie mir zu. Sie erhob sich und reichte mir ihre Hand. Wir spazierten am Wasser entlang und es war mir, als schwebte ich. Eine Libelle, die im Licht der untergehenden Sonne türkisgrün glitzerte, stand plötzlich vor uns in der Luft, als würde sie uns sagen: „Das Leben hält Augenblicke bereit, die einfach wundervoll sind.“

Es sollte für diesen Sommer bei diesem Kuss bleiben. Doch von nun an hatte ich das ganz tiefe Gefühl, noch stärker mit Valerie verbunden zu sein. Ich genoss jeden Tag mit ihr im Tal der Frösche.

Mit Karl begaben wir uns auf eine zweite Tour, um ein Schildkrötengelege mit einem Gitter zu umgeben, um es vor Feinden zu schützen. Und jeden Abend lauschten wir auf der Terrasse dem Konzert der Frösche.

Als ich Valerie und das Tal der Frösche verlassen hatte und längst wieder zu Hause war, trug ich den Schatz der Erinnerungen immer noch in meinem Herzen. Aber ich freute mich auch wieder über meinen Computer und meine Spielwelten. Nun konnte ich mir auch wichtige Informationen über alle Tiere holen, die ich mit Valerie in freier Natur erlebt hatte.

Mein „Draußen-wartet-das-Abenteuerheft" ist um viele Eintragungen reicher geworden.

P. S. Solltest du auch zu den Verrückten gehören, die auf Naturabenteuer schwören, dann wirst du ein DwAheft brauchen. Was dir aus meinem Anhang gefällt, kannst du gern übernehmen.

SURVIVAL-TIPPS

SPUREN LESEN

Im Lehm und im Sand kann man Spuren sehr gut lesen. Zum Spurenlesen brauchst du Vorstellungskraft. Du erkennst, ob das Tier Krallen oder einen Schwanz (Eidechsenspur) hat.

Es ist wichtig, nicht nur den einzelnen Abdruck, sondern die „Schnur“ zu sehen. Daran erkennt man, wie und wohin sich ein Tier bewegt. Du siehst, ob es läuft, springt oder sich schlängelt. Wenn du die Spur verlierst, markiere die Stelle, an der du den letzten Abdruck gefunden hast, und gehe in immer größeren Kreisen um die Stelle herum. Wenn du einen neuen Abdruck findest, dann weißt du, in welche Richtung sich das Tier weiterbewegt hat. Wenn du einer Spur folgst, kannst du dich vielleicht in das Tier hineinversetzen. Versuche dich ebenso zu bewegen.

Um ein Tier zu beobachten, ist es wichtig, sich gegen den Wind an das Tier heranzuschleichen. Spurenlesen lernt man nur durch Übung.

SPURENRÄTSEL

Wer ist hier vorbeigekommen? Ein Rätsel für Naturdetektive: s. S. 67.

A

B

C

D

E F

Lösung: Seite 77

EINEN GIPSABDRUCK VON EINER TIERSPUR ERSTELLEN

Zuerst musst du in einem Gefäß Gips (erhältlich im Baumarkt) mit Wasser so anrühren, dass der Brei noch flüssig ist. Sollten sich Klumpen bilden, einfach noch etwas Wasser hinzugießen. Wenn die Spur sehr flach oder der Boden feucht ist, solltest du einen Kartonring verwenden, damit sich eine dicke Schicht bilden kann. So lässt sich der Abdruck leichter herausnehmen und er bricht nicht.

Den Abdruck darfst du erst herausnehmen, wenn er hart ist. Das kann eine Viertelstunde dauern. Befindet sich Erde am Abdruck, dann warte noch einen Tag, bis der Abdruck völlig trocken ist, um ihn zu reinigen.

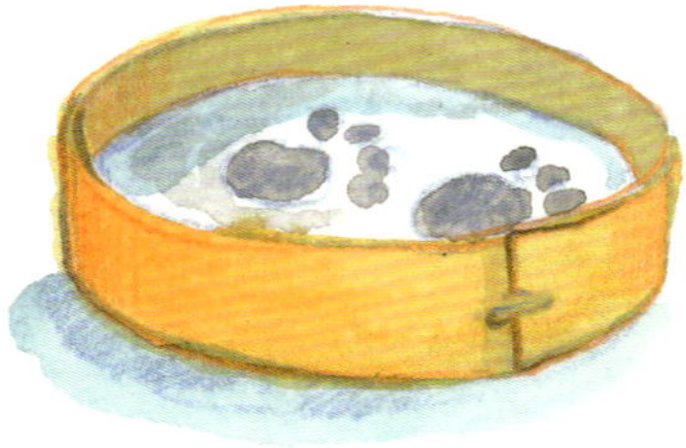

WISSENSWERTES ÜBER TIERE

FRÖSCHE

Die wichtigsten Aufzeichnungen über Frösche findest du vor jedem Kapitel.

Eine kleine Ergänzung zu den Froscharten: Seefrosch und Kleiner Wasserfrosch vermehren sich auch untereinander. Die Nachkommen werden als Teichfrösche bezeichnet.

KRÖTEN

Erdkröten sind Einzelgänger. Sie laichen in allen Gewässern, vom Gartenteich bis zum Bergsee.

Die Jungtiere wandern vom Gewässer ab.

Viele Tiere sterben beim Überqueren einer Straße, denn Erdkröten sind sehr langsam.

WISSENSWERTES ÜBER TIERE

LIBELLEN

Libellen haben zwei Leben, eines als Larve und eines als fliegendes Insekt. Als Insektenlarven leben sie mehrere Jahre unter Wasser. Sie sind dort Räuber und ernähren sich von Larven anderer Insekten, kleinen Fischen und Kaulquappen.

Als Insekten entdeckst du sie in Wassernähe oder direkt über dem Wasser. Sie sind dann Insektenjäger und weltbeste Flugkünstler.

Durch ihre vier voneinander unabhängigen Flügel können sie in der Luft stehen. Einige Arten schafften es sogar rückwärts zu fliegen. Libellen können eine Geschwindigkeit von bis zu 50 km/h erreichen.

Ihre Vorfahren hatten eine Flügelspannweite von bis zu 75 cm und waren die größten Insekten, die jemals auf unserer Erde existierten.

Tipp: Vielleicht gelingt es dir, Libellen zu fotografieren. Wenn du Libellen siehst, die wie ein

Herz oder ein Rad miteinander verbunden sind, dann sind das Libellen auf dem Hochzeitsflug. Nach der Paarung legt das Weibchen ihre Eier im Wasser ab, woraus die Libellenlarven schlüpfen.

Wichtig: Libellen können nicht stechen und sind für Menschen harmlos.

ASSELN

Asseln leben verborgen unter Blumentöpfen, Steinen oder feuchtem Laub. Sie fressen gerne weiche Pflanzen.

Asseln sind keine Insekten oder Spinnen, sondern Krebse. Sie besitzen ein kiemenähnliches Atmungsorgan an den Hinterbeinen, das sie immer feucht halten müssen.

Der Körper der Asseln ist von einem Chitinpanzer umgeben, der aus einzelnen Segmenten besteht und einer Rüstung gleicht. Die Weibchen der Asseln besitzen eine Brusttasche, in der sie ihre Eier ablegen und später die frisch geschlüpften Jungtiere herumtragen.

Tipp: Um Asseln zu beobachten, kannst du dir ein Asselterrarium bauen. Als Behälter genügt eine ausgewaschene Eisdose, die vielleicht sogar einen durchsichtigen Deckel hat. In den Deckel stichst du mit einer Nadel Luftlöcher. Damit sich die Asseln wohlfühlen, musst du modriges Holz und Blätter in die Dose geben. Die Blätter dienen als Nahrung. Du musst auch darauf achten, dass das Terrarium immer feucht bleibt. Es genügt, wenn du einmal täglich Wasser in dein Terrarium sprühst. Sollte das Sprühen am Wochenende ausfallen, wird die Dose trotzdem genügend Feuchtigkeit bewahren.

Wenn du einen Wassertropfen in dein Terrarium gibst, kannst du beobachten, wie die kleinen Tiere mit ihren Hinterbeinen ins Wasser tapsen. Du wirst sehen, dass Asseln nicht ekelig, sondern sehr faszinierend sind.

HECHT

Der Hecht lebt im Wasser und ist ein gefräßiger Räuber. Er bevorzugt Stellen, die ihm Deckung geben. So hält er sich gerne in der Nähe von Stegen, versunkenen Bäumen oder verankerten Boten auf. Dort lauert er und versucht, seine Beute durch einen Überraschungsangriff zu erwischen.

Im schnabelförmigen Maul eines Hechtes können sich bis zu 700 Zähne befinden. Die Zähne sind nicht nur spitz, sondern auch messerscharf. Hechte fressen nicht nur Fische, sondern auch Frösche, Molche, Ratten oder junge Enten.

WISSENSWERTES ÜBER TIERE

BIBER

Biber leben am Wasser. Der Eingang zur Biberbehausung liegt immer unter dem Wasserspiegel. Die Wohnräume befinden sich oberhalb des Wasserspiegels. Die Jungen leben bis zur Geschlechtsreife von drei Jahren bei ihren Eltern. Dann werden sie vertrieben und müssen sich ein eigenes Revier suchen.

Die Biber ernähren sich rein pflanzlich. Sie erreichen eine Länge bis zu einem Meter und wiegen dann bis zu 35kg. Funde belegen, dass einst in Nordamerika Riesenbiber gelebt haben, die bis zu 2,5 Meter groß wurden. Biber können zwanzig Jahre alt werden.

BLUTEGEL

Blutegel gehören zum Stamm der Ringelwürmer und sind mit dem Regenwurm verwandt. Sie leben in Tümpeln, Teichen und langsam fließenden Gewässern. Im Wasser bewegen sich Blutegel wie Delfine, an Land verwenden sie ihre beiden Saugnäpfe. Die befinden sich jeweils am Ende ihrer Körper.

Als Zwitter befruchten sich die Blutegel gegenseitig. Ihre bis zu dreißig Eier legen sie in Kokons in Ufernähe ab.

Der Mund in einem der beiden Saugnäpfe besteht aus drei Kiefern, in denen sich bis zu 80 Zähnchen befinden. Mit diesem Mund können sie sich an der Haut von Säugetieren festsaugen. Binnen Sekunden gelingt es ihnen sogar die Haut eines Pferdes aufzubeißen. Durch ein Sekret im Speichel verursacht das keinen Schmerz. Blutegel können eine Blutmenge aufnehmen, die das Fünffache ihres Körpergewichts beträgt.

WISSENSWERTES ÜBER TIERE

SUMPFSCHILDKRÖTE

Die europäische Sumpfschildkröte lebt im Wasser. Nur um sich zu sonnen oder zur Eiablage kommt sie aus dem Wasser heraus.

Sie liebt es, sich auf schwimmenden Ästen, Sandbänken und umgestürzten Bäumen zu sonnen. Im Winter hält die Sumpfschildkröte eine Winterruhe. Dabei vergräbt sie sich im Schlamm, um nicht zu erfrieren.

Europäische Sumpfschildkröten können nur im Wasser schlucken. Daher können sie auch nur im Wasser fressen.

Es dauert oft zehn Jahre, bis ein Schildkrötenweibchen ihre ersten Eier legt. Ein Gelege besteht aus acht bis fünfzehn Eiern. Es dauert dann noch drei Monate, bis die Jungtiere schlüpfen.

Sind die Jungtiere geschlüpft, haben sie viele Feinde wie z. B. Vögel, Füchse und Marder. Sumpfschildkröten können bis zu 70 Jahre alt werden. Sie sind sehr scheu und brauchen daher einen ruhigen Lebensraum.

VALERIES REZEPT

MARMELADE

Hier ist ein einfaches Rezept für Beerenmarmeladen. (Achtung – eine heiße Angelegenheit, am besten, du lässt dir dabei helfen.)

1 kg Beeren

1 Packung Gelierzucker

Beeren waschen und in einem Standmixer zerkleinern. Wer keine Kerne mag, kann die so entstandene Fruchtmasse durch ein Sieb streichen.

Gelierzucker in die Fruchtmasse geben und unter Rühren zum Kochen bringen. Ca. fünf bis zehn Minuten sprudelnd kochen.

Mach die Gelierprobe, gieße einen Tropfen auf einen kalten Teller. Wenn er beim Kaltwerden auch fest wird, ist die Marmelade fertig.

Valeries Geheimtipp: „Gib ein paar gehackte Zitronenmelisseblätter dazu."

Lösung Rätsel Seite 67:
A = Fischotter, B = Dachs,
C = Eichhörnchen, D = Krähe,
E = Hauskatze, F = Mensch

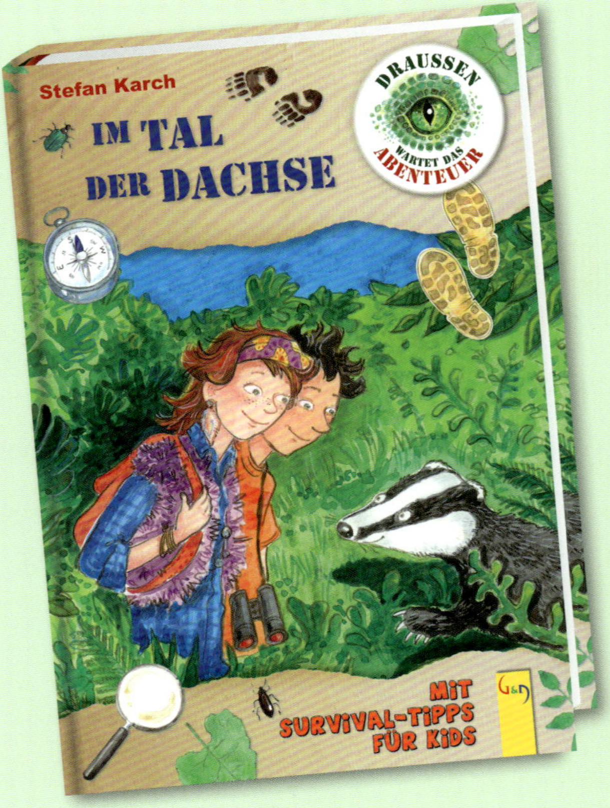

Im Tal der Dachse
ISBN 978-3-7074-1285-7